BEI GRIN MACHT SICH IHR WISSEN BEZAHLT

- Wir veröffentlichen Ihre Hausarbeit, Bachelor- und Masterarbeit

- Ihr eigenes eBook und Buch - weltweit in allen wichtigen Shops

- Verdienen Sie an jedem Verkauf

Jetzt bei www.GRIN.com hochladen und kostenlos publizieren

Nathalie Lutz

Die soziale Frage im 19. Jahrhundert: Die Maxhütte in Sulzbach Rosenberg (Sachunterricht, 4. Klasse Grundschule)

GRIN Verlag

Bibliografische Information der Deutschen Nationalbibliothek:

Die Deutsche Bibliothek verzeichnet diese Publikation in der Deutschen National-
bibliografie; detaillierte bibliografische Daten sind im Internet über http://dnb.d-
nb.de/ abrufbar.

Impressum:

Copyright © 2013 GRIN Verlag, Open Publishing GmbH
Druck und Bindung: Books on Demand GmbH, Norderstedt Germany
ISBN: 978-3-668-00408-5

Dieses Buch bei GRIN:

http://www.grin.com/de/e-book/300362/die-soziale-frage-im-19-jahrhundert-die-
maxhuette-in-sulzbach-rosenberg

GRIN - Your knowledge has value

Der GRIN Verlag publiziert seit 1998 wissenschaftliche Arbeiten von Studenten, Hochschullehrern und anderen Akademikern als eBook und gedrucktes Buch. Die Verlagswebsite www.grin.com ist die ideale Plattform zur Veröffentlichung von Hausarbeiten, Abschlussarbeiten, wissenschaftlichen Aufsätzen, Dissertationen und Fachbüchern.

Besuchen Sie uns im Internet:

http://www.grin.com/

http://www.facebook.com/grincom

http://www.twitter.com/grin_com

Unterrichtsthema: Die Betrachtung der sozialen Frage im Rahmen des Sachunterrichts

Inhaltsverzeichnis

1. Einleitung

Im Lehrplan der Grundschule ist der geschichtliche Abschnitt zwischen 1789 und 1917 zwar nicht explizit genannt, jedoch ist gerade in Verbindung mit der regionalen Geschichte dieses Thema auch für die Schüler der Primarstufe zu verwenden. Allerdings sollte man anmerken, dass sich wegen der Komplexität der Thematik wohl nur die vierte Jahrgangsstufe bei der Bearbeitung in Frage kommt. Das Stundenthema: „Die Arbeitsverhältnisse der Arbeiter im 19. Jahrhundert mit regionalem Bezug zur Maxhütte in Sulzbach- Rosenberg" ist auf die Bearbeitung in einer Schule im oberpfälzischen Sulzbach-Rosenberg ausgelegt und stellt einen direkten regionalen Bezug und Grundkenntnisse der Orientierung in der städtischen Umgebung der Schüler voraus. Einzuordnen ist das Thema in das Lernfeld 3 des Sachunterrichts, im Punkt 4.6 Orientierung in Zeit und Raum und spezifischer im Unterpunkt 4.6.1 Regionalgeschichte des Lehrplans für die Grundschulen in Bayern. Im Rahmen dieses Themas soll die Geschichte der Maxhütte in der Stadt Sulzbach-Rosenberg genauer betrachtet werden. Vorangehend zu dieser speziellen Stunde erfahren die Schüler Wissen über die hergestellten Produkte, die Lage in der Stadt und den räumlichen Zusammenhang mit Bayern und die Bedeutung für die Region. In der zu dieser Arbeit gehörigen Stunde sollen die Schüler mehr über die Arbeitsverhältnisse in der Hütte und in Fabriken zu dieser Zeit allgemein kennen lernen und in der Lage sein diese Verhältnisse im Vergleich zur heutigen Zeit zu werten. Zudem sollen die Schüler angeregt werden die Probleme der Arbeiter zu erkennen und angeregt werden Lösungsansätze zu suchen. Die Methode der Arbeit mit Bildern und im Kernpunkt mit Gemälden soll den Schülern eine weitere Dimension der Erarbeitung eines Themenbereichs erschließen und die Vor- und Nachteile dieser Arbeit aufzeigen. Dadurch soll der Reichtum an Methoden für die Arbeit mit einem geschichtlichen Thema vergrößert werden und die Kompetenz ein geeignetes Verfahren anzuwenden, gefördert werden. Ebenso soll somit schon im Grundschulalter das Interesse an Geschichte durch den Einsatz von vielfältigem Arbeitsmaterial gefördert werden und eine Basis für die weiterführenden Schulen bilden. Der Unterricht soll den Sprung von der direkten Umgebung der Schüler über die Region bis hin zur überregionalen Bedeutung schaffen, sodass ein gesamtes Geschichtsbild entsteht. Eine fundierte Grundlage an Methoden und Informationen geschaffen werden, die dem Schüler je nach dessen weiteren Interessen die Möglichkeit zur weitergehenden Beschäftigung bietet.

2. Fachthema: Die soziale Frage

Mit der zunehmenden Industrialisierung der Wirtschaft in Deutschland, wuchsen auch die sozialen Unterschiede weiter an. Der Wirtschaftsaufschwung im 19. Jahrhundert schuf größere Mengen an Arbeitsplätzen, die zu schlechten Konditionen Arbeitermassen besetzt wurden. Diese jedoch hatten keine richtige Alternative, als in die großen Fabrikanlagen zu gehen und dort für wenig Geld viel leisten mussten. Gerade durch das Ende der feudalen Ständegesellschaft wurde der Weg zur Gewerbefreiheit geebnet und kapitalkräftige Anleger konnten in neue Wirtschaftszweige und somit in die industrielle Zukunft investieren. Jedoch sollte dieser Zugewinn auf dem Rücken der einfachen Fabrikarbeiter getragen werden, welche lange unter miserablen Arbeitsbedingungen litten. Der anfängliche Segen, der durch die Vielzahl an neuen Arbeitsplätzen geliefert wurde, verwandelte sich mit der Zeit proportional zum Verhältnis der ansteigenden Mechanisierung zum Fluch. Die abermals ausreichenden Arbeitsplätze dezimierten sich und damit verschlechterten sich die Bedingungen der Anstellungsplatz. Die Löhne wurden knapper, sodass Kinder- und Frauenarbeit immer mehr zunahm und zum gewohnten Bild in den Fabriken wurde, da diese ungelernten Arbeitskräfte billiger zu beschäftigen waren. Ebenso waren die Arbeitsplätze des ohnehin schon schlecht bezahlten Proletariats unsicher in der Beständigkeit des Arbeitsverhältnisses, da es keine Absicherung gab und Arbeiter, die kurzfristig ausfielen, einfach durch neue ersetzt wurden. Auch die langen Arbeitszeiten von 15-17 Stunden pro Tag, sechs Tage die Woche waren gesundheitlich eine große Belastung für die Mitarbeiter, die keine Krankenversicherung besaßen und ihren Lohn bei Fehltagen nicht bekamen. Genauso fehlender Urlaub erleichterte es Krankheiten die Menschen hin wegzureißen, die keine anderen Wahl hatten, als bis zur Erschöpfung zu Arbeitern, da sie sonst ihren Lebensunterhalt nicht bezahlen konnten. Ein ähnliches Schicksal traf die Alten, die keine Versorgung durch eine ausreichende Rente oder gar Pension erhielten, sondern bis zur Arbeitsuntauglichkeit arbeiten mussten.

Ferner waren die Wohnverhältnisse gerade in zu Fabrikanlagen gehörigen Mietskasernen, in denen ein kleines Zimmer von mindestens sechs Personen bewohnt wurde, unzureichend und boten den Familien weder genug Platz zum Leben, noch in annähernder Weise eine Spur von Wohnkomfort. Gerade in den Mietskasernen, die im Zuge der zunehmenden Urbanisierung errichtet wurden, um den Massen an Menschen eine Bleibe zu bieten, sah man das damalige Elend. So gab es kaum wichtige städtische Infrastrukturen, die weder eine gewisse Mobilität ermöglichten, noch Kanal-, oder Rohrsysteme, die einen geringen hygienischen Standard hielten. Diese Lebensverhältnisse wurden sogar von der intellektuellen Schicht verurteilt und als nicht vertretbar erachtet, wodurch der Gedanke nach der sozialen Frage aufgetan wurde. Im Gedanken an die französische Revolution und die im August 1789 erstellte Deklaration der Menschenrechte fand sich auch dort schon der Begriff der „question sociale", der die Missstände in der Gesellschaft bezeichnete. Desgleichen entwickelte sich das Ideal des modernen Freiheits- und Persönlichkeitsgedanken, der ein mögliches Ziel für Lösungsansätze zur Bewältigung der Ungerechtigkeiten darstellt.

Ein Ansatz, der zur Verbesserung der Lage beitrug, war 1864 „die Arbeiterfrage und das Christentum" bei dem verschiedenen Forderungen gestellt wurden. So sollte sich auf die christliche Morallehre berufen werden, nach der man handeln sollte. Des Weiteren wurde der Ausbau der Genossenschaften zur Selbsthilfe erweitert und staatliche Interventionen gefordert, die bei Notlagen der Arbeiter zum Tragen kommen sollten. Auch wurde gegen Revolutionen angetreten und zum Beispiel durch die Sozialenzyklika „Rerum Novarum" von Papst Leo XIII. eine gerechte Lohnverteilung gefordert.[1] Außerdem wurden im Laufe der Zeit viele Wohltätigkeitsvereine, wie der „Centralverein für das Wohl der arbeitenden Klasse" gegründet, die durch zahlreiche ehrenamtliche Tätigkeiten im Zuge der städtischen Versorgung unterstützt wurden. So wurde einen gewissen Grad an Hilfe zur Selbsthilfe bereitgestellt und das staatliche System umgangen. Ferner engagierten sich auch Unternehmer, wenn auch zur Verhinderung von revolutionären Bewegungen und der Erhaltung eines qualifizierten Arbeiterstamms, für bessere Lebensbedingungen der eigenen Arbeiter. In der Firma Krupp wurden deshalb höhere Löhne, Betriebskassen und eine Weiterbeschäftigung bei schlechter Auftragslage garantiert. Abgesehen von diesen kirchlichen und patriarchischen Maßnahmen gab es ebenso eine Arbeiterbewegung, die eigenständig Gewerkschaften und 1869 sogar die Sozialdemokratische Arbeiterpartei gründete, um ihre Interessen besser zu vertreten. Das Ziel ihrer Partei war es eine Organisation zum Ausbau der Fürsorge, Bildung und kultureller Partizipation zu bilden. Letztendlich gab es auch Änderungen in der staatlichen Gesetzgebung, welche die Einführung einer Kranken,- Unfall,- sowie Alters- und Invalidenversicherung im Zeitraum von 1883 bis 1889 beinhaltete. Daneben kam es 1903 zum Verbot der Kinderarbeit, 1908 zur Einführung des Zehnstundentags und 1911 zu einer Angestelltenversicherung. All diese Neuerungen

---

[1] Rerum Novarum (Papst Leo XIII 1891); aus: Gustav Gundlach (Hrsg.): Die sozialen Rundschreiben Leos XII. und Pius XI. Paderborn 1931, S. 19f; S. 31ff.

verhalfen den Arbeitern ihre soziale Lage zu verbessern und bescherten den Unternehmen zunehmenden Erfolg.[2]

---

[2] Lenger, Friedrich: Industrielle Revolution und Nationalstaatsgründung. 1848-1870er Jahre. (Gebhardt. Handbuch der deutschen Geschichte, Bd. 15: 19. Jahrhundert. 1806-1918), 10. völlig neu bearb. Auflage, Stuttgart, 2003.

3. Didaktisch- methodische Aufbereitung

Zeit	Unterrichtsphase	Methode	Sozialform	Medien
8:00h – 8:08h	Einstieg	Gegenstand aus Metall (hergestellt in der Maxhütte) - Frage zur Herkunft des Gegenstands - Frage zu Arbeit früher in den Hütten/ (Fabriken) LÄ: „Wie war früher der Arbeitsalltag?"	Freie Äußerungen der SuS Plenumsgespräch	Gegenstand aus Metall
8:08h – 8:18h	Erarbeitung I	Informationstext über die Arbeit in der Maxhütte (Arbeitsverhältnisse) →Unterstreichen wichtiger Passagen →anschließend gemeinsames Notieren des Inhalts in Stichpunkten	Vorlesen durch SuS Einzelarbeit Plenum	Informationstext über die Arbeit in der Maxhütte (Arbeitsverhältnisse)

8:18h – 8:40h	Erarbeitung II	Bild von Fabrikarbeitern	Sitzkreis vor der Tafel	Bild von Fabrikarbeitern
		LÄ: „Unter welchen Bedingungen haben die Fabrikarbeiter damals gearbeitet?"		
		Gruppenteilige Arbeit mit dem Gemälde		
		1. Gruppe (leistungsstarke S): Bilddialog: SS schreiben Dialog zu Personen auf dem Gemälde	Gruppenarbeit	Gemälde und Informationen über Lohn und Arbeitszeit
		2. Gruppe: (mittelstarke S): Ergänzungskollage: SS kleben in und um das Gemälde typische Arbeitssituationen (in anschließender Präsentation mit Begründung, weshalb diese Motive) → Aufhängen der Kollage	Gruppenarbeit	Gemälde mit Rand, verschiedene Motive Rund um die Fabrikarbeit

7

		3. Gruppe: (schwache S):	Gruppenarbeit gemeinsam mit	Verschiedene Bilder zur
			Lehrer	Arbeit in einer Fabrik
				/Hütte
		Modifizierte Bildauswahl:		
		SS betrachten verschiedenen Bilder zur		
		Arbeit in der Hütte und suchen passende		
		Bilder auf Grund von Vorwissen und Text		
		aus		
		→Aufhängen der Auswahl		
		Präsentation der Ergebnisse im Plenum	Plenum (Sitzkreis)	
		1. Vorlesen des Dialogs		
		2. Präsentation der Kollage		
		3. Präsentation der Bildauswahl		
8:40h –	Weiterführung	Sammeln /Wiederholung der Probleme	Plenumsdiskussion	
8:45h		der Arbeiter		
		- Frage mit persönlicher Bewertung		
		LÄ: „Wärst du da gerne ein Arbeiter		
		gewesen?"		

- Denkanstoß zu Verbesserungsvorschlägen **LÄ:** „ Was hätten die Arbeiter tun können, um ihre Lage zu verbessern?"

Mögliches Tafelbild zu den gesammelten Stichpunkten:

- Eisenerz vorkommen in der Gegend → Herstellung von Gegenständen aus Eisen
- 1864 Gründung der Maximilianshütte
- Oft schlechte Arbeitsbedingungen
  - Wenig Lohn
  - Lange Arbeitszeiten
  - Kaum Freizeit
  - Bei Krankheit kein Lohn oder Arbeitsplatzverlust
  - Frauen- und Kinderarbeit
- Kleine Wohnung /Zimmer
- Schlechte Hygiene
- Kein Wohnkomfort
- Schlechte /keine Infrastruktur (Wasser)
- Zur Verbesserung Zusammenschlüsse in Gewerkschaften

4. Didaktisch- methodische Reflexion

Zu Beginn der Unterrichtsstunde soll durch die Präsentation eines in der Maxhütte hergestellten Gegenstands das Thema für die Schüler fühl- und sichtbar gemacht werden. Die Aufmerksamkeit soll vom fertigen Produkt zum Herstellungsprozess gelenkt werden und bei den Arbeitern und deren Arbeitsbedingungen in der hiesigen Fabrik enden. Durch den in der örtlichen Eisenhütte produzierten Gebrauchsgegenstand soll den Schülern in einem offenen Plenumsgespräch zuerst einmal die Möglichkeit gegeben werden frei ihre Gedanken zum Thema zu äußern. Der Vorteil für den Lehrer besteht darin, dass er so das bereits bestehende Vorwissen der Schüler besser einschätzen und mögliche Interessensschwerpunkte der Schüler in die Planung der gesamten Unterrichtssequenz berücksichtigen kann. Ausgehend vom direkten regionalen Bezug der Eisenverhüttung hin zur Verarbeitung in ganz Deutschland sollen die Schüler die sozialen Verhältnisse der Arbeiter im Allgemeinen kennenlernen, wobei in dieser Stunde das Augenmerk auf die Verhältnisse bei der Arbeit gelegt wird.

Durch den Informationstext vor den einzelnen Gruppenarbeiten sollen den Schülern einige grundlegende Fakten zur Herstellung, den Arbeitsbedingungen, Techniken und allgemeinen Geschichte zur Hütte dargelegt. Somit wird ein Basisverständnis für die weitere Arbeit gelegt und zudem das Herauslesen und Finden von Informationen, sowie das Filtern dieser gefördert. Bei dieser Textarbeit, die in Einzelarbeit bearbeitet wird, sollen wichtige Textpassagen unterstrichen und anschließend gemeinsam an der Tafel stichpunktartig gesammelt werden.

Als nächsten Schritt der Erarbeitung zeigt der Lehrer ein Gemälde, welches die Arbeiter in einer Eisenhütte bei der Arbeit darstellt. Hierzu wird die Fragestellung zu den Arbeitsbedingungen der Arbeiter gestellt und den Schülern zunächst Zeit für freie Äußerungen zu ihrem ersten Eindruck gegeben. Die Schüler sollen sich durch diese Gemälde emotional in die Szenerie hineinversetzt fühlen und über die anstrengende Arbeit nachdenken, die in dieser Firma zu verrichten war. Damit soll die Klasse ein Interesse daran entwickeln sich genauer mit der Lage der Arbeiter früher auseinanderzusetzten. Dieses Bild dient zunächst als ergänzender Impuls zum Text und veranschaulicht bildlich die zuvor verarbeiteten Informationen. Ebenfalls leitet es zur Gruppenarbeit über, welche nach den Leistungsniveaus der Schüler vom Schwierigkeitsgrad her gestaffelt sind, um so eine optimale Wissens- und Kompetenzvermittlung zu erreichen.

Die Schüler werden in drei Gruppen eingeteilt, wobei zwei davon weitgehend eigenständig arbeiten und die dritte Gruppe ihre Aufgaben gemeinsam mit der Unterstützung des Lehrers bewältigt.

Die erste Gruppe, welche die leistungsstärksten Schüler der Klasse enthält, bekommt den Auftrag zu einem Gemälde einen Bilddialog zu verfassen. Sie sollen gemeinsam ein Gespräch zwischen den auf dem Bild zu sehenden Arbeitern erstellen und dabei die Chance erhalten sich genauer mit der Situation der Arbeiter auseinanderzusetzten. Dabei können die Schüler den zuvor gelesenen Informationstext zu Hilfe nehmen und diese zu möglichen Gesprächsthemen umfunktionieren. Der einzelnen Schüler muss sich so in die Rolle des Arbeiters hineinversetzten und verinnerlicht dessen Lage, seine Probleme und sein Leben in der Hütte. Durch dieses Element bewegt sich der Schüler aus seiner passiven Lernhaltung vom Aufnehmen der vom Lehrer gelieferten Informationen hin zu einer aktiven Arbeitshaltung, in der er selbst den zu erlernenden Stoff durchdenkt und ihn weiterverarbeitet. Somit kann der Lerninhalt von jedem Schüler individuell verarbeitet und gespeichert werden, was eine solide Basis für einen langanhaltenden Lernerfolg legt. Ebenfalls hat die Gruppe die Möglichkeit sich weitere Anhaltspunkte über das Leben der Arbeiter im 19. Jahrhundert in der Büchersammlung oder im Internet mittels des im Klassenzimmer stehenden Computers zu suchen. Der Umfang des Dialogs kann sich je nach Stärke der Gruppe unterscheiden, wobei eine Länge von einer DIN A4-Seite wünschenswert wäre. Der entstandene Dialog wird im Anschluss auf ein Plakat geschrieben oder geklebt, wobei die Gestaltung den Schülers selbst überlassen wird. So kann auch die Zeit gut genutzt werden, falls die Schüler schneller, als geplant fertig werden sollten.

Die Mitglieder der Gruppe 2 sollen eine Ergänzungscollage anfertigen, die aus aufgeklebten Bildelementen, eigenen Zeichnungen oder Textpassagen bestehen soll. Dabei werden typische Tätigkeiten der Arbeiter berücksichtigt und die Arbeitsumgebung genauer beleuchtet. Die Schüler sollen so vom direkten Arbeitsumfeld in der Hütte eine Vorstellung bekommen und diese dem Rest der Klasse durch die Erstellung einer Collage die verschiedenen Facetten der Arbeitswelt präsentieren. Durch die selbstständige Auswahl und Ergänzung des Plakats können die Kinder ihre Mitschüler auf einer emotionalen und informativ individuellen Ebene erreichen und den Inhalt für sie selbst kindgerecht, aber dennoch informativ gestalten. Dabei lernen die Schüler aus einem Pool von Möglichkeiten zur Gestaltung die nach ihrem Ermessen passendste herauszusuchen und in ihr Gesamtwerk einzubauen. So müssen sie sich der Aussagekraft der einzelnen Elemente bewusst werden und die Wirkung ihrer Collage auf ihre Mitschüler bedenken. Hiermit wird das kooperative Lernen in der Klasse unterstützt, bei dem nicht jeder Schüler auf sich allein bezogen lernt, sondern auch seinen Beitrag für die Gemeinschaft leistet und diese voran bringt.

Bei Gruppe 3, in der die schwächsten Schüler eingeteilt sind, stellt ein wichtiges Element die Erarbeitung unter Zuhilfenahme der Lehrkraft dar. Die Schüler haben die Aufgaben eine modifizierte Bildauswahl in Bezug zum Stundenthema vorzunehmen und somit den Inhalt zu vertiefen und sich ihre eigenen Gedanken darüber zu machen und diese untereinander zu besprechen. Im Besonderen sollen die Schüler lernen zur Thematik passende und aussagekräftige Bilder auszuwählen, ihre Auswahl zu begründen und diese als schlüssige Präsentation den anderen Schüler vorzustellen. Als Hilfestellung bleibt der Lehrer in der Arbeitszeit vor allem in Reichweite dieser Gruppe, um die leistungsschwächeren Schüler besser unterstützen zu können.

Am Ende der Unterrichtsstunde werden die behandelten Themen noch einmal aufgegriffen und im Plenumsgespräch wiederholt. Mit der persönlichen Fragestellung, ob die Kinder selbst damals gerne ein Arbeiter gewesen wären, sollen die Schüler zum Denken angeregt werden. Als Abschlussfrage, bei der die Schüler Ideen entwickeln sollen, wie man die soziale Situation der Arbeiter verbessern könnte, soll ein Bogen zur nächsten Stunde geschlagen werden, in der sich die Klasse mit den damaligen Lösungsansätzen beschäftigen wird.

Chancen:

- Alle Schüler haben die Möglichkeit sich aktiv am Unterrichtgeschehen zu beteiligen. Sie können zu den verschiedenen Facetten des Themas ihre Erfahrungen, Vorwissen und individuelle Ansätze miteinbringen und so der Regionalgeschichte einen direkt persönlich- lokalen Bezug verleihen.
- Die Schüler lernen die gestellte Aufgabe in der Gruppe zu bearbeiten und eine Veranschaulichung für den Rest der Klasse gemeinsam zu erstellen und zu präsentieren.
- Die Aufteilung der Klasse ermöglicht es den Schülern diejenige Aufgabe zu erledigen, welche zu ihren jeweiligen Leistungsniveaus passt und fördert somit zielgerichteter auf verschiedenen Leistungsebenen gleichzeitig.

<u>Risiken:</u>

- Jedoch kann durch die Aufteilung bei manchen Schülern das Bild einer Ausgrenzung oder einer ungerechten Verteilung der Gruppen und Aufgaben einschleichen, was durch eine gleiche Wertschätzung der Arbeitsergebnisse durch den Lehrer und innerhalb der Klasse zu verhindern ist.

- Bei unpassender Gruppenzusammenstellung könnten einige Schüler die Arbeit in der Gruppe verweigern, den anderen Mitgliedern zur Last fallen und zu einer Verminderung der Arbeitsleistung und-qualität beitragen.

- Ebenfalls kann es sein, dass Schüler im Einstig keinen persönlichen regionalen Bezug zum Thema herstellen können, da sie nicht aus dieser Gegend stammen oder erst seit kurzen im Ort wohnen.

<u>Lernziele:</u>

<u>instrumental-methodische Lernziele:</u>

- Die Schüler sollen unterschiedlicher Methoden zur Arbeit mit Bildern kennenlernen und anwenden können.

<u>Kognitive Lernziele:</u>

- Die Arbeitsverhältnisse von Fabrikarbeitern im 19. Jahrhundert sollen durch die Bildarbeit vom regionalen Standpunkt aus auf ganz Deutschland ausweitend erfahren werden.

- Ein Ausblick auf die allgemeine soziale Lage der Arbeiter soll erfahren werden und zum Nachdenken über Möglichkeiten zur Verbesserung anregen.

<u>affektiv-emotionale Lernziele:</u>

- Die soziale Kompetenz der Schüler soll gefördert werden, sie sollen somit in der Lage sein als Gruppe einen Arbeitsauftrag zu bearbeiten und anschließend zu präsentieren.

In der Gesamtheit der Unterrichtsstunde sollen die Schüler lernen, dass in einem Bild viel mehr Aspekte, Informationen und Absichten stecken können, als auf den ersten Blick ersichtlich ist. Auch die verschiedenen Formen des Umgangs mit, in diesem Fall Gemälden, können die Schüler erproben und erkennen, ebenso dass es mehrere Herangehensweisen bei der Interpretation und der Entschlüsselung der eventuell versteckten Intention des Bildes gibt. Ebenfalls kann die Klasse eine Form des Geschichtsunterrichts im Unterrichtsfach Sachunterricht erleben, welche ihnen in ihrer weiteren schulischen Laufbahn eine Hilfe sein kann. Denn die Beschäftigung mit Bildern findet sich auch in anderen Fächern, wie Deutsch, Kunst oder Sozialkunde wieder, in denen auch verschiedenen Methoden zur Verarbeitung genutzt werden. In diesem Fall sind die Kinder bereits mit der Arbeitsweise vertraut und sicherer im Umgang damit. Hinzukommend werden die Schüler auf eine motivierende Art und Weise auf die Thematiken des in weiterführenden Schulen separat unterrichteten Geschichtsunterrichts herangeführt und bilden einen Grundstock an Interesse, auf dem individuell Aufgebaut werden kann.

5. Fazit

Gerade in der Grundschule ist es heikel derart komplexe Themen zu behandeln, da die Schere zwischen den Fähigkeiten, den Kompetenzen und dem Vorwissen zwischen den einzelnen Schülern mehr variiert als in den weiterführenden Schulen. Jedoch ist gerade deshalb die Vermittlung dieser, für die Bewältigung der weiteren Schullaufbahn wichtigen Kompetenzen besonders wichtig, auch weil die Schüler im Laufe ihrer Schulzeit die Vielzahl an unterschiedlichen Herangehensweisen und Methoden zur Bewältigung eines Themenkomplexes kennenlernen und mit ihnen umgehen können sollen. Besonders im Grundschulalter spielt die Arbeit mit Bildern eine essentielle Rolle in allen Unterrichtsfächern, da somit jeder Schüler, obgleich welches Leseverständnis er besitzt, den Inhalt erfassen und verarbeiten kann. Somit bietet sich der Einsatz von Bildmaterial nicht nur als Ersatz von Texten an, um es allen Schülern zu ermöglichen sich aktiv am Unterricht zu beteiligen, es ändert auch die Einstellung der Kinder zum Geschichtsunterricht. Denn die Erwartungen der Schüler, welche häufig einen langweiligen, sehr textlastigen Unterricht beschreiben, können durch den Einsatz von Bildmaterial geändert werden und die Motivation steigern.

Nach dem Sprichwort „ein Bild sagt mehr als 1000 Worte" wird auch der Spielraum bemerkbar, welcher einem bei der Art der Verwendung von Bildern im Geschichtsunterricht oder der Vielzahl an möglichen Auslegungen und Interpretationen gegeben ist. So können die Kinder ihr Vorwissen aktivieren und das Gemälde unter einem anderen Gesichtspunkt genauer betrachten, oder bestimmte Elemente aus einer anderen Perspektive untersuchen. So kann man auch auf die Besonderheiten einzelner Bildobjekte in Gegenüberstellung zur Betrachtung der gesamten Szene eingehen und versuchen zu erkennen welche Wirkungsveränderung eintritt. Unter Berücksichtigung dieser, nach dieser Unterrichtssequenz erworbenen Fähigkeiten kann man feststellen, dass die Schüler nicht nur Geschichtliches mitgenommen haben, sondern Fähigkeiten und Fertigkeiten, die im täglichen Leben eingesetzt werden können.

6. Literatur- und Abbildungsempfehlungen

Literatur

Bergmann, Klaus (Hg.): Handbuch der Geschichtsdidaktik, Hannover, 1997 S. 67-71.

Hirschfelder, Heinrich /Maier, Lorenz/ Sieber, Karlheinz: Zwischen Beharrung und Aufbruch, Bamberg, 1988.

Kuczynski, Jürgen: Die Geschichte der Lage der Arbeiter unter dem Kapitalismus, Teil 1; bd. 2 Berlin (Ost) 1962, S. 196ff.

Lenger, Friedrich: Industrielle Revolution und Nationalstaatsgründung. 1848-1870er Jahre. (Gebhardt. Handbuch der deutschen Geschichte, Bd. 15: 19. Jahrhundert. 1806-1918), 10. völlig neu bearb. Auflage, Stuttgart, 2003.

Lütge, Friedrich: Deutsche Sozial- und Wirtschaftsgeschichte. Ein Überblick, 3. Auflage, Berlin, 1966.

Meinhold, Peter (Hg.): Johann Hinrich Wichern. Sämtliche Werke, Bd. 1, Berlin / Hamburg 1962, S. 142ff.

Sauer, Michael: Geschichte unterrichten. Eine Einführung in die Didaktik und Methodik, Seelze, 2007, S. 193-206.

Von Zweifel, Konrad (Hg.): Aufbruch ins Industriezeitalter, Bd. 3; München 1985, S. 230).

Pandel, Hans- Jürgen / Schneider Gerhard (Hg.): Handbuch Medien im Geschichtsunterricht, Schwabach, 2007, S. 211-251.

Pandel, Hans- Jürgen / Schneider Gerhard (Hg.): Handbuch Methoden im Geschichtsunterricht, Schwabach, 2011, S. 172-187.

Papst Leo XIII: Rerum Novarum ,Rom, 1891. Aus: Gundlach, Gustav (Hg.): Die sozialen Rundschreiben Leos XII. und Pius XI. Paderborn 1931, S. 19f; S. 31ff.

Abbildungsverzeichnis:

Abb.1: Menzel, Adolph.: Das Eisenwalzwerk, 1872/75.

[http://www.bilder-der-arbeit.de/Museum/Seiten/VM-HS4.html] (06.08.2013)

Abb. 2.: Hasenclever, Johann Peter: Arbeiter vor dem Magistrat, 1848/49. Bild nr.2.

[http://www.bilder-der-arbeit.de/Museum/Seiten/VM-HS4.html] (06.08.2013)

Abb. 3.: De Josselin de Jong, Pieter: Two Rollers.

[http://www.naturwissenschaftlicher-verein-wuppertal.de/sektionen/Geographie/veranstaltungen/bilder/612719854G.jpg] (06.08.2013)

Abb. 4.: Bonhommé, François: Schmieden einer Schiffskurbelwelle, 1865.

 [http://www.bilder-der-arbeit.de/Museum/Seiten/VM-HS4.html] (06.08.2013)

Abb. 5.: Heyenbrock, Hermann: Das Gießen von Eisen in Blöcken, 1890.

[http://www.dgvn.de/fileadmin/user_upload/klimawandel_bekaempfen/Interak_Grafiken_201 2/wald/wald_geschichte/grafics/04IndustrRevolu/revol03.jpg] (06.08.2013)

Abb. 6.: N.N.:Die Krupp Werke in Essen, 1912.

[http://luipogym1.files.wordpress.com/2010/01/krupp-stahlfabrik-1912-im-hintergrund-die-stadt-essen.jpg] (06.08.2013)

Abb. 7.: Biermann, Carl Eduard: Borsig's Maschinenbau-Anstalt zu Berlin, 1847.

[http://www.planet-wissen.de/politik_geschichte/wirtschaft_und_finanzen/
industrialisierung/img/intro_indu_borsig_g.jpg] (06.08.2013)

Abb. 8.: Voglsamer, Günter: Elektroofen.

[http://www.deutsches-museum.de/fileadmin/Content/010_DM/020_Ausstellungen/
100_Museumsinsel/030_Turm/030_Kunst/bild12.jpg.] (06.08.2013)

Abb. 9.: Heyenbrock, Hermann: Das Gießen von Eisen in Blöcken, 1890.

[http://www.dgvn.de/fileadmin/user_upload/klimawandel_bekaempfen/Interak_Grafiken_201
2/wald/wald_geschichte/grafics/04IndustrRevolu/revol03.jpg] (07.08.2013)

Abb. 10.: Bonhommé, François: Schmieden einer Schiffskurbelwelle, 1865.

[http://www.bilder-der-arbeit.de/Museum/Seiten/VM-HS4.html] (07.08.2013)

Abb. 11.: Layraud, Joseph-Fortuné; Le Marteau-Pilon

[http://www.naturwissenschaftlicher-verein-wuppertal.de/sektionen/Geographie/
veranstaltungen/bilder/JosephFortunLayraudLeMarteaupilon.jpg] (08.08.2013)

Abb. 12.: Voglsamer, Günter: Elektroofen.

[http://www.deutsches-museum.de/fileadmin/Content/010_DM/020_Ausstellungen/
100_Museumsinsel/030_Turm/030_Kunst/bild12.jpg.] (08.08.2013)

Abb. 13.: Voglsamer, Günter: Drahtzieherei.

[http://www.deutsches-museum.de/fileadmin/Content/010_DM/020_Ausstellungen/
100_Museumsinsel/030_Turm/030_Kunst/bild52.jpg] (08.08.2013)

Abb. 14.: Schäfer, Rudolf: Hochofenabstich, 1951.

[http://www.industrie-kultur.de/files/Q_3_2010/OBHS_FLL_Abstich.450.jpg] (08.08.2013)

Abb. 15.: Voglsamer, Günter: Freiform-Schmiedepresse, 1995.

[http://www.deutsches-museum.de/fileadmin/Content/010_DM/020_Ausstellungen/
100_Museumsinsel/030_Turm/030_Kunst/bild32.jpg] (06.08.2012)

Abb. 16.: Mercker, Erich: Messingwalzwerk. Kabel- und Metallwerke Neumeyer Nürnberg, 1891.

[http://www.fraperu.de/ftp/homepage52/3975a.JPG] (07.08.2013)

Abb. 17.: De Josselin de Jong, Pieter: Two Rollers.

[http://www.naturwissenschaftlicher-verein-wuppertal.de/sektionen/Geographie/ veranstaltungen/bilder/612719854G.jpg] (06.08.2013)

Abb. 18.: Stachelscheid, Karl: Stahlwerk im Ruhrgebiet, 1960.

[http://kunstmaxx.de/pix/7-2812.jpg] (06.08.2013)

Abb. 19.: Biermann, Carl Eduard: Borsig's Maschinenbau-Anstalt zu Berlin, 1847.

[http://www.planet-wissen.de/politik_geschichte/wirtschaft_und_finanzen/ industrialisierung/img/intro_indu_borsig_g.jpg] (06.08.2013)

Abb. 20.: Voglsamer, Günter: Blockwalzwerk.

[http://www.deutsches-museum.de/fileadmin/Content/010_DM/020_Ausstellungen/ 100_Museumsinsel/030_Turm/030_Kunst/bild22.jpg] (06.08.2013)

7. Anhang

Die Arbeiter im 19. Jahrhundert - Das Eisenwerk Maximilianshütte

Im Umland von Sulzbach- Rosenberg befinden sich Schichten im Boden, in denen man Eisenerz finden kann. Das benötigt man, um Gegenstände aus Eisen oder Stahl herzustellen. Deshalb wurde im Jahr 1864 die Maximilianshütte in Sulzbach eingeweiht, in der bis 2002 Stahl erzeugt wurde.

Oft waren die Arbeitsbedingungen in den Firmen in der Zeit des 19. Jahrhunderts schlecht. Viele Arbeiter bekamen wenig Lohn, der gerade für ihre Wohnung und gerade genug Essen reichte. Sie mussten an einem Tag oft 15-17 Stunden arbeiten und bekamen kaum freie Zeit zur Verfügung. Falls sie irgendwann einmal krank wurden bekamen sie kein Geld oder verloren sogar ihre Arbeit. Ebenso mussten die Frauen und Kinder einer Familie ebenfalls Arbeiten gehen, um genug Geld für ihre Wohnung und Lebensmittel zu verdienen. Die Wohnung, oder oft nur das Zimmer in dem geringstenfalls 6 Personen lebten war nur mit dem nötigsten eingerichtet und auf Hygiene konnte nicht viel Wert gelegt werden. So gab es kein fließendes Wasser oder Abwasserkanäle bei den Wohnungen der Arbeiter.

In der Maxhütte und vielen anderen Firmen in Deutschland allerdings hatten sich die Arbeiter in Gewerkschaften zusammengeschlossen, um gemeinsam ihre Interessen zu vertreten.